Дерек Принс

Как быть водимым ДУХОМ СВЯТЫМ?

I0202501

2013

Derek Prince

HOW TO BE LED BY THE HOLY SPIRIT

R134-135 radio massages from series:
"Keys For Successful Christian Living"

Дерек Принс

КАК БЫТЬ ВОДИМЫМ ДУХОМ СВЯТЫМ?

ISBN: 966-8600-08-8

Отредактировано и издано
Служением Дерека Принса в Украине

ДПМ-Украина,
2-е отд. связи, а/я 1,
Светловодск,
Кировоградская обл.,
27502
derek.prince@meta.ua

DEREK
PRINCE
M I N I S T R I E S
RUSSIAN WORLDWIDE

ДОСТИГАЯ ЗРЕЛОСТИ

Прежде чем преступить к изучению, нам необходимо прояснить основные факты, касающиеся личности и служения Духа Святого. Однажды кто-то заметил, что на протяжении последних нескольких веков *Дух Святой был самой пренебрегаемой Личностью в Церкви.* Даже сегодня среди христиан существует пугающий недостаток знания о Нем и понимания Его, как Личности.

Вначале давайте обратимся к словам Иисуса, которые записаны в Евангелии от Иоанна. Прощаясь со Своими учениками, Иисус объясняет им, что вместо Себя Он намерен послать Дух Святой. Затем Он говорит о том, что сделает Дух Святой, как будет служить им, и что они получат благодаря Ему. Иоанна 16:12-15:

> *Еще многое имею сказать вам; но вы теперь не можете вместить. Когда же приидет Он, Дух истины, то наставит вас на всякую истину: ибо не от Себя говорить будет, но будет говорить, что услышит, и будущее возвестит вам. Он прославит Меня, потому что от Моего возьмет и возвестит вам. Все, что имеет Отец, есть Мое; потому Я сказал, что от Моего возьмет и возвестит вам.*

Хочу обратить ваше внимание на четыре очень важных факта, касающихся Духа Святого, которые мы видим в этих словах Иисуса.

Прежде всего, и самое главное (а зачастую

менее всего понимаемое) — Дух Святой является Личностью. В греческом оригинале этого отрывка нарушаются правила грамматики. Обещая Дух Святой, Иисус говорит: «Когда *Он*, Дух истины, придет, то *Он* введет вас во всю истину...» Греческий язык имеет три рода: мужской, женский и средний. И каждое местоимение имеет свой род. Мужской род — это *он*, женский род — *она*, и средний род — *оно*. Слово «*дух*» (по-гречески: «*пневма*») — среднего рода, поэтому грамматически правильно сказать применительно к духу — «*оно*». Однако здесь правила грамматики были сознательно нарушены, для того, чтобы подчеркнуть, что Дух Святой не является чем-то неодушевленным, — это не «оно», а «Он» — Личность. Иисус сказал: «Когда *Он*, Дух истины, придет, то Он введет вас во всю истину...»

Поэтому первое, что мы должны понять в отношении Духа Святого, что **Он является Личностью**. Бог-Отец — Личность, Иисус Христос — Личность, также и Дух Святой — Личность. **И для того, чтобы иметь правильные взаимоотношения с Духом Святым, мы должны научиться относиться к Нему как к Личности.**

Во-вторых, Дух Святой сейчас является личным представителем Бога на земле. Отец на небесах, Иисус находится одесную Отца, но Дух Святой — на земле. Вплоть до конца этой эпохи Бог будет представлен на земле в лице Духа Святого. Пока существует такое положение вещей, Дух Святой является чрезвычайным и полномочным Представителем Божьим на земле. И мы должны относиться к Духу Святому именно так. Нам необходимо относиться к Нему с тем же почтением, какое мы оказываем Отцу и Сыну. **Дух Святой является Богом.**

В-третьих, **Дух Святой является Распорядителем Божьих богатств**. Перед Своим уходом Иисус сказал очень важные слова: *«Он (Дух Святой) прославит Меня, ибо возьмет Моё и откроет это для вас».* Затем Он добавил: *«Всё, что принадлежит Отцу — принадлежит и Мне, поэтому Я сказал, что Он возьмет Моё и откроет это для вас».* Таким образом, всё, что есть у Отца, — всё это принадлежит и Сыну. Отец и Сын совместно владеют Своим безграничным богатством. Но единственный, Кто показывает всё богатство Отца и Сына и имеет ключ к нему — это Дух Святой.

Мне много раз приходилось объяснять людям так: у Бога есть склад, который просто переполнен добром самого разного рода — там есть всё, в чём только у вас может возникнуть нужда во времени и в вечности — но Хранителем и Распорядителем этого склада является Дух Святой. Поэтому если вы хотите быть богаты благословениями Божьими, то вам лучше подружиться с Распорядителем склада. Потому что, даже имея законное право на всё наследство, но, не имея правильных взаимоотношений с Ним, вы можете практически не получать пользу из всего, что вам обещано. Поэтому, помните: если вы хотите иметь доступ ко всему богатству, благословениям и обеспечению Божьему, то это возможно только через Дух Святой.

Четвертый факт, заключается в следующем: **всё, что делает Дух Святой, нацелено на прославление Иисуса Христа**. Иисус сказал: *«Он прославит Меня»*. Это очень важно, потому что когда мы перестаем прославлять Иисуса в нашем служении, в нашей жизни, в наших словах и делах, — Дух Святой оставляет нас. Он не будет поддерживать, не будет давать Свою благодать, мудрость и силу тому, что не прославляет Иисуса.

Помню, как в одной поместной церкви, которую я время от времени посещал, у нас были по-особому благословенные и помазанные служения. После одного из таких служений я сказал лидеру группы прославления: «Знаете, почему это служение было особенно благословлённым и помазанным? Потому что всё, от начала и до конца, было сфокусировано на Иисусе и прославляло Его. И это было угодно Духу Святому». Когда мы действуем так, тогда Дух Святой поддерживает нас, помазывает нас, течет через нас. Но когда мы перестаем прославлять Иисуса — это огорчает Дух Святой. Он уходит и ждет, когда мы возвратимся к нашей первоначальной цели — к прославлению Иисуса.

Существует две основные роли, которые играет Дух Святой в нашей жизни. Первая заключается в том, что **только благодаря Духу Святому мы становимся детьми Божьими**. Именно через Него мы получаем новое рождение, возрождаемся свыше и становимся членами Божьей семьи. Иисус сказал об этом в Евангелии от Иоанна 3:5-8:

Иисус отвечал: истинно, истинно говорю тебе, если кто не родится от воды и Духа, не может войти в Царствие Божие. Рожденное от плоти есть плоть, а рожденное от Духа есть дух. Не удивляйся тому, что Я сказал тебе: должно вам родиться свыше. Дух дышит, где хочет, и голос его слышишь, а не знаешь, откуда приходит и куда уходит: так бывает со всяким, рожденным от Духа.

Обратите внимание на фразу: *«рожденным от Духа»*. Только пройдя через это рождение, вы становитесь дитем Божьим. Нет иного способа стать дитем Божьим. На основании вашей веры в Иисуса и Слово Божье приходит Дух Святой, и Он дает вам совершенно новую — духовную жизнь. Это жизнь Божья, переданная через Дух Святой внутрь вас. Иисус сказал о том, что есть два типа рождения. Рожденное плотью — плоть и есть, и оно не может быть ничем другим. И по плоти мы являемся сынами и потомками Адама, но не детьми Божьими. Но *пройдя через новое рождение Духом Святым, мы становимся детьми Божьими*, членами Божьей семьи.

Но заметьте, родившись заново, мы стали всего лишь духовными младенцами (независимо от того, сколько лет нам по плоти). И Бог не хочет, чтобы мы долго задерживались в младенческом состоянии. У Бога есть план, чтобы взрастить из нас зрелых сыновей. И здесь мы также зависим от Духа Святого. Без Него мы не можем расти и стать зрелыми. Павел пишет в Послании к Римлянам 8:14:

Ибо все, водимые Духом Божиим, суть сыны Божии.

Здесь слово *«сыны»* не то же самое слово, которое переведено как *«дети»* в предыдущем отрывке. Это слово подразумевает зрелого сына, который может нести ответственность и управлять своей жизнью; который знает, как следует поступать и что делать; который имеет власть. Но как мы достигаем зрелости? Дословный перевод слов Павла будет звучать так: *«все, кто постоянно водимы Духом Божьим, являются зрелыми сыновьями Божьими».* Это второе великое служение Духа Святого для нас, как членов семьи Божьей — **Он взращивает нас и приводит к зрелости**. Но это происходит только лишь благодаря Его водительству. Для нас нет другого пути к духовной зрелости.

Глагол *«водимые»* стоит в настоящем продолжительном времени, а значит речь идет о непрекращающемся водительстве, — сейчас и постоянно. Мы должны быть водимы Духом Божьим каждый день, каждый час, в каждой ситуации. Только так мы сможем жить, как зрелые сыны Божьи.

Трагедия сегодняшней Церкви заключается

в том, что огромное количество людей, рождённых от Духа Божьего, так и не научилось (да и не было научено) жить под водительством Духа Божьего. Поэтому они не достигают зрелости. Они остались, если так можно выразиться, духовно отсталыми в развитии детьми. Не потому, что они были ущербны в чём-то, но потому что так и не поняли (или не захотели понять), как пользоваться тем, что им было дано. А им была дана великая привилегия — иметь водительство Духа Святого.

Вот почему я хочу рассмотреть эту жизненно важную тему о том, как же быть водимым Святым Духом. Моё желание, чтобы вы поняли, что есть только один путь, благодаря которому вы войдёте в духовную зрелость истинных сыновей Божьих. Он лежит через постоянное руководство Святым Духом.

ДУХ СВЯТОЙ — ЭТО ЛИЧНОСТЬ

Во вступительной части речь шла о двух основных ролях, которые играет Дух Святой в нашей христианской жизни. Во-первых, именно Дух Святой делает нас детьми Божьими через новое рождение. Иисус сказал, что если кто не родится от Святого Духа, тот не сможет ни увидеть и ни войти в Царство Божье, и что рожденной от плоти и есть плоть, а рожденное от Духа есть дух. Через свое естественное рождение мы становимся детьми своих земных родителей, потомками Адама. Но для того, чтобы стать детьми Божьими, нам надлежит родиться от действия Духа Божьего. Именно Он на основании нашей веры в Иисуса Христа и Слово Божье приносит нам новую природу свыше — совершенно новую Божественную природу и жизнь Самого Бога. И эта жизнь, входя в нас, производит наше возрождение в качестве детей Божьих. В этом заключается первая великая роль Духа Святого. Однако, это делает нас всего лишь новорожденными детьми. Бог не хочет, чтобы мы, родившись от Духа, остались младенцами. Бог желает взрастить из нас зрелых сыновей. И вот для этого необходимо второе великое служение Духа Святого, о котором Павел написал в Римлянам 8:14: «Ибо все, водимые Духом Божиим, суть сыны (совершеннолетние, зрелые сыновья) Божии». Поэтому для того, чтобы достичь зрелости мы должны научиться жить под постоянным водительством Духа Святого. Иначе, мы будем духовно отсталыми в развитии детьми. В таком случае мы останемся детьми Божьими, но, будучи рождены свыше, мы так и не войдем в свое полноправное совершеннолетие.

Всё это было во вступительной части, а теперь мы перейдем к тому факту, что **Дух Святой является Личностью**. Это крайне важно, поскольку я уверен, что до тех пор, пока вы не научитесь относиться к Святому Духу как к Личности — не как к какому-то духовному влиянию или набору теологических понятий, но как к реальной Личности: такой же реальной, как Бог-Отец и Бог-Сын; такой же реальной, как ваша жена и ваш муж; ваша мама и ваш отец; ваша дочь и ваш сын — **пока вы не научитесь относиться к Святому Духу именно так, вы не будете успешны в том, чтобы действительно быть водимым Духом Святым**.

Обратимся к словам Иисуса о той роли, которую будет играть Дух Святой в жизни учеников, после того как Он придет. В Евангелии от Иоанна 14:16-17 Иисус говорит следующее:

И Я умолю Отца, и даст вам другого Утешителя...

Другие переводы используют слово *«Помощник»*, *«Советник»*. В греческом оригинале стоит слово *«Параклет»*, которое дословно переводится так: *«Призванный быть рядом для того, чтобы помогать»*. И вот что Иисус говорит об этом «Параклете –Утешителе — Советнике — Помощнике»:

> … *да пребудет с вами вовек,* (а затем говорит) *Духа истины* (это Дух Святой)…

Итак, Святой Дух приходит для того, чтобы быть нашим Утешителем, Советником, Помощником, который пребудет с нами вечно. Мы можем перефразировать слова Христа так: «Я был с вами короткие три с половиной года, но пришло время Мне покинуть вас. Моего личного присутствия с вами больше не будет. Я собираюсь вернуться к Отцу. Но вместо Меня придет Другой…» Это слово *«другой»* — очень важно. Тем самым Иисус говорит: «Вы знакомы со Мной. Вы знаете Меня как Личность. Вы знаете Мое отношение и Мой характер. И вот Я должен уйти, но после Моего ухода Другой — другая Личность — придет и заменит Меня для вас». Вы видите, как во всём, что говорит Иисус, Он подчеркивает то, что Дух Святой является Личностью. Таким образом, когда Иисус был вознесен на небо — одна Личность ушла. Десять дней спустя, в день Пятидесятницы, другая Личность сошла на землю с небес. И Господь Иисус подчеркивает здесь, что этот Другой — другая Личность — этот Дух истины, намерен пребывать с нами вечно.

Затем Иисус продолжает ту же самую тему в Иоанна 16:7:

> Но Я истину говорю вам: лучше для вас, чтобы Я пошел; ибо, если Я не пойду, Утешитель не приидет к вам; а если пойду, то пошлю Его к вам…

Задумавшись над этими словами, многие христиане находят их удивительными. Часто можно слышать христиан, которые говорят: «Как бы прекрасно было жить во дни, когда Иисус был на земле и лично ходил со Своими учениками. Насколько больше мы смогли бы понять и сколь большему научиться...» Не буду спорить, что общаться с Иисусом было бы прекрасно. Однако Сам Иисус сказал, что для нас намного лучше жить в те времена (а это время продолжается и сегодня) когда Он будет находиться на небесах, а на земле будет Дух Святой. Согласно Его словам, такое положение вещей будет в наших же интересах. Как ни удивительно это может показаться кому-то, но Сам Иисус сказал, что это для нас будет полезнее. Мы можем понять слова Иисуса так: «Пока Я не уйду, Утешитель не придет. Но когда Я уйду, тогда мы вместе с Отцом пришлем Утешителя вместо Меня, и это будет намного лучше для вас».

Дальнейшее развитие событий, описанное в книге Деяния апостолов, подтверждает это. Как только Дух Святой сошел на учеников, они сразу же получили абсолютно новое осознание совершенного Иисусом, Его власти, своего собственного положения в Боге. Они получили новое понимание своего послания миру, пророчеств Ветхого Завета. Петр тотчас встает и начинает цитировать и ясно истолковывать пророчество Иоиля. Могу гарантировать вам, что за пару часов до этого он был не способен на такое. Но как только сошел Дух Святой, ученикам просиял свет, пришло духовное понимание и дерзновение, пришла уверенность и власть.

Итак, говоря о Духе Святом, Иисус всегда использовал местоимение «Он», — не «это» или «оно». Таким образом были нарушены правила грамматики, потому что на языке оригинала слово «дух» («*пневма*») имеет средний, неодушевленный род, следовательно местоимение должно быть «это» или «оно». Однако во всех этих главах Евангелия от Иоанна использовано местоимение «Он». *Дух Святой — это Он, и Он является личностью.*

Теперь давайте поговорим о том, чем Дух Святой не является. Он не является каким-то безличным *влиянием*. Он не является теологической *формулой* и не является *системой*. Дух Святой не является *сводом правил* и не является *церковной иерархией*. Он не является половиной предложения, произносимого в конце Апостольского символа веры. *Дух Святой — это личность.*

Если мы рассмотрим историю Церкви через призму духовной жизни, тогда сам собой напрашивается такой вывод: *это 19 столетий попыток выработать религиозную систему, настолько безопасную, что при ней не было бы необходимости полагаться на Святой Дух*. Но должен сказать вам, что такой системы просто не существует. Никакая система, теология, теория, иерархия, и никакое служение человеческое не может заменить Дух Святой. Он незаменим. Поэтому мы должны развивать наши личные взаимоотношения с

Духом Святым.

Каким является самое первое и необходимое условие для того, чтобы иметь такие взаимоотношения? Могу сказать, что это то же самое условие, как и для любых успешных взаимоотношений, будь то взаимоотношения между родителями и детьми, между мужем и женой или друзьями. Ключевое качество, на котором нам следует сосредоточить внимание, — это *чувствительность*. Верю, что это самое главное, что нам следует развивать, если мы хотим созидать наши взаимоотношения с Духом Святым.

Однажды я давал интервью одному христианскому журналу. В конце они задали мне вопрос о моем служении и жизни: — *Жалеете ли вы о чем-нибудь?* — задумавшись на минуту, я ответил: — *Жалею о каждом случае, когда был нечувствителен к Духу Святому*. Могу сказать, что сегодня, оглядываясь назад на прожитую жизнь, я больше всего жалею именно об этом. Если и есть то, что мне хотелось бы прожить по-другому (а такое, конечно же, есть), то это те времена, когда я был недостаточно чуток к Духу Святому.

Затем, нам следует сделать ударение еще на одном факте, который также имеет жизненную важность: **Дух Святой является Господом.** Павел пишет во 2-ом Коринфянам 3:17:

Господь есть Дух; а где Дух Господень, там свобода.

В Новом Завете слово *«Господь»* соответствует священному имени Бога, произносимому как *«Иегова»* или *«Яхве»*, которое пришло к нам из Ветхого Завета. Поэтому когда Павел говорит: *«Господь есть Дух»*, то тем самым он говорит: *«Дух есть Бог»*. Он настолько же Бог, насколько Отец и Сын. Дух Святой — Господь. И если вы верите в Господство Сына, то вы должны признать Господство Святого Духа.

Затем Павел говорит: *«а где Дух Господень, там свобода»*. Вот ключ к истинной духовной свободе — не набор правил, не религиозные обряды, и даже не рукоплескание, танцы, восклицания, песни, падения на пол и т.д. — но делание того, к чему вас направляет Дух Святой во всякое время. Если вы идете по проторенной дорожке, если вы рассматриваете свободу как просто некую внешнюю форму или определенное чувственное проявление, то вы находитесь в рабстве, а не в свободе. Вы только тогда свободны, когда позволяете Духу Святому быть Господом над каждой ситуацией и во всякое время. Служения, которые можно назвать действительно успешными, это те, в которых Духу Святому было дано право быть Господом от начала и до конца.

Это можно выразить так: **Иисус является Господом над Церковью, Дух Святой является Господом в Церкви**. Господство Иисуса над Церковью не более Господства Святого Духа в Церкви. Насколько мы подчиняемся Святому Духу как Господу, настолько мы и находимся под Господством Иисуса. Это истинно как для Церкви в целом, так и для каждого христианина в отдельности.

АГНЕЦ И ГОЛУБЬ

В предыдущей части мы рассмотрели два важных факта, касающихся Духа Святого. Во-первых, что **Дух Святой является Личностью**. Это то, что следует подчеркивать постоянно, потому что многие христиане не осознают эту истину. Бог-Отец является Личностью, Бог-Сын Иисус Христос является Личностью, и точно также Дух Святой является Личностью. Нам необходимо иметь личные взаимоотношения с Духом Святым.

Как уже было сказано, первейшим требованием для развития любых личных взаимоотношений является взаимная чувствительность. Дух Святой, поверьте мне, очень чувствителен к нам. Но взаимоотношения не будут строиться до тех пор, пока мы не научимся быть чувствительными к Духу Святому. И я должен сказать, что Дух Святой не ведет себя, как сержант учебного подразделения. Он не выкрикивает свои команды нам в ухо. Он очень мягок. В каком-то смысле, почти застенчив.

Все мы читали в Библии описание жизни пророка Ильи. Вы помните, как перед ним прошел ураганный ветер, а затем землетрясение и пылающий огонь. Но сказано, что Господа не было ни в ветре, ни в землетрясении и ни в огне. Во всех этих мощных проявлениях видимой силы не было присутствия Господа. И затем сказано, что пришло *«веяние тихого легкого ветра»* (буквальный перевод говорит о *«нежном шепоте»*) — и Господь был в шепоте — это Дух Святой. Поэтому если вы хотите услышать Его шепот, если вы желаете почувствовать Его толчок — то Он не будет толкать вас в шею, Он лишь нежно слегка подтолкнет вас или похлопает по плечу, обращая ваше внимание на что-то. Итак, ключ к успеху — чувствительность.

Затем мы говорили о том, что **Дух Святой — Господь**. Он — Бог! Он точно такой же Господь, как Отец и Сын. Поэтому мы должны полностью подчиниться Ему. Наше подчинение Ему должно быть такое же полное, как наше подчинение Отцу и Сыну. В действительности, мы подчинены Отцу и Сыну не больше, чем подчинены Духу. Чтобы мы ни говорили о своем подчинении Богу-Отцу и Богу-Сыну, как бы убедительно ни звучало имя Господа Иисуса Христа из наших уст, но, на самом деле, Он является Господом нашей жизни не больше, чем мы подчиняемся власти Святого Духа.

Давайте обратимся к Евангельскому описанию начала служения Иисуса и посмотрим, насколько сильно Новый Завет подчеркивает Его взаимоотношения с Духом Святым. В Евангелии от Иоанна 1:29 записаны слова Иоанна Крестителя, представляющего Иисуса людям, пришедшим для исповедания грехов:

На другой день видит Иоанн идущего к нему Иисуса и говорит: вот Агнец Божий, Который берет на Себя грех мира.

Какие замечательные слова! Иоанн представляет Иисуса как *Агнца Божьего*. Затем, немного дальше Иоанн Креститель говорит в Иоанна 1:32-34:

> И свидетельствовал Иоанн, говоря: я видел Духа, сходящего с неба, как голубя, и пребывающего на Нем. Я не знал Его; но Пославший меня крестить в воде сказал мне: на Кого увидишь Духа сходящего и пребывающего на Нём...

Обратите внимание, здесь сказано о двух личностях: *Он* пребывает на *Нём*.

> Я не знал Его; но Пославший меня крестить в воде сказал мне: на Кого увидишь Духа сходящего и пребывающего на Нем, Тот есть крестящий Духом Святым. И я видел и засвидетельствовал, что Сей есть Сын Божий.

Рассмотрев эти стихи, вы найдете тройное описание Иисуса: 1) Агнец Божий, 2) крестящий Духом Святым и 3) Сын Божий.

Слова о том, что *Иисус есть Агнец Божий* записаны только в Евангелии от Иоанна. Понимание Христа, как Агнца Божьего имеет великое значение. И это действительно славный факт. Но во всех четырех Евангелиях (и это очень показательно) есть слова Иоанна Крестителя, представляющие Иисуса так: *Он есть крестящий Духом Святым*. Тем не менее, многие века Церковь так мало вспоминала о том, что Иисус есть крестящий Духом Святым. Кроме смерти и воскресения Иисуса, только очень немногое упоминается во всех четырех Евангелиях. Однако тот факт, что Иисус есть крестящий Духом Святым, отмечен во всех четырех Евангелиях. Это свидетельствует о многом.

Как Иоанн узнал Христа? Он говорит: *«Когда я увидел Духа, спускающегося как голубя и пребывающего на Нем, тогда узнал, о Ком мне было сказано, — это Тот, Кто будет крестить в Духе Святом».* Здесь мы видим два одушевленных прообраза. Иисус представлен как агнец (ягненок), а Дух Святой, представлен в виде голубя. Какой урок мы можем вынести из этого сочетания? Какие качества олицетворяет агнец в свете Писания? Я мог бы выделить три качества: *чистота, кротость и жертвенность* (т.е. принесенная в жертву жизнь, — Писание говорит о «закланном агнце»). Мне бы хотелось подчеркнуть, что это именно те качества, которые привлекают голубя — Духа Святого. **Голубь ищет природу агнца.** Это та природа, на которую Он сойдет, и где будет пребывать. Дух Святой не одобряет высокомерие, самонадеянность, искание своего, хвастливость, агрессивность. Он ищет чистоту, мягкость, кротость и самопожертвование. И голубь не просто спустился на Иисуса, но он остался («пребывал») на Нем — это ключевой момент. Во время всего Своего служения Иисус никогда не сказал и не сделал чего-либо, что спугнуло бы голубя. По своей природе голубь является осторожной, в некоторой степени даже робкой птицей, — его легко спугнуть. В определенном смысле это отражает духовную истину: Духа Святого легко спугнуть. Если мы говорим и делаем то, что неприемлемо Духу Святому, то Он оставляет нас. Он просто расправляет крылья и улетает. Замечательно то, что Иисус ни разу не спугнул голубя, Святого Духа.

Эти взаимоотношения со Святым Духом являются ключом ко всему служению Иисуса. В Евангелии от Луки 4:17-21 записаны Его слова в синагоге Назарета. Он провозгласил Свою миссию так:

Ему подали книгу пророка Исаии; и Он, раскрыв книгу, нашел место, где было написано: Дух Господень на Мне; ибо Он помазал Меня благовествовать нищим, и послал Меня исцелять сокрушенных сердцем, проповедывать пленным освобождение, слепым прозрение, отпустить измученных на свободу, проповедывать лето Господне благоприятное. И, закрыв книгу и отдав служителю, сел; и глаза всех в синагоге были устремлены на Него. И Он начал говорить им: ныне исполнилось писание сие, слышанное вами.

Какое Писание исполнилось? «*Дух Господень на Мне... Он помазал Меня...*» Помазал на что? — проповедовать Благую Весть, исцелять сокрушенных, провозглашать свободу для узников, открывать глаза слепым, освобождать угнетенных. Всё служение Иисуса — как проповедь Слова, так и служение подавленным, больным, одержимым людям, — всё это было основано только на одном — на помазании Святого Духа, пребывающего на Иисусе.

Примечательно, что Новый Завет не содержит записи ни одной проповеди, которую бы произнес Иисус, ни одного чуда, которое бы Он совершил, до тех пор, пока Дух Святой не сошел на Него. Иисус находился в полной зависимости от Святого Духа, и является примером для нас. Иисус оставил Свое Божественное могущество и силу на небесах. Он принял образ слуги, сделавшись подобным нам. Но когда Дух Святой сошел на Иисуса, тогда через Него была высвобождена сила Божья для осуществления целей Божьих. То же самое должно происходить и в нашей жизни.

Вот еще одно место Писания на эту тему — Деяния 10:38. Петр, придя в дом Корнилия, впервые проповедовал Евангелие язычникам. Он представил им Иисуса из Назарета так:

Как Бог Духом Святым и силою помазал Иисуса из Назарета, и Он ходил, благотворя и исцеляя всех, обладаемых диаволом, потому что Бог был с Ним.

Как видите, Петр говорит о том же самом: всё служение Иисуса исходило из помазания Святым Духом. До тех пор пока Дух Святой не сошел на Него, Он не проповедовал и не творил никаких чудес. Но после того как Дух Святой сошел на Него, Иисус был высвобожден для служения людям.

Мне всегда приятно осознавать, что в служении исцеления Бог-Отец, Иисус-Сын и Дух Святой соединены вместе. Отец помазал Сына Духом. И Отец желает помазать нас, как Своих детей, тем же самым Духом, Каким Он помазал Иисуса.

В заключение, давайте немного более подробно поразмышляем о том, какие качества привлекают, а какие отпугивают голубя — Духа Святого. Некоторые из них мы находим в Ефесянам 4:29-32:

Никакое гнилое слово да не исходит из уст ваших, а только доброе для назидания в вере, дабы оно доставляло благодать слушающим. И не оскорбляйте Святаго Духа Божия, Которым вы запечатлены в день искупления. Всякое раздражение и ярость, и гнев, и крик, и злоречие со всякою злобою да будут удалены от вас; но будьте друг ко другу добры, сострадательны, прощайте друг друга, как и Бог во Христе простил вас.

Что оскорбляет Святой Дух? *Нездоровые, гнилые слова, горечь, злость, ропот, сварливость и клевета.* Всё это противоположно природе агнца. Что привлекает Святой Дух? *Доброжелательность, учтивость, открытость, взаимное прощение.* Дух Святой не может пребывать там, где Он не находит природы агнца. Ключ к постоянному пребыванию Духа Святого на нас — взращивание природы агнца.

СИЛА, ЛЮБОВЬ И ЗДРАВОЕ СУЖДЕНИЕ

В предыдущей части, говоря о взаимодействии между Иисусом и Духом Святым, установленном в самом начале служения Иисуса, мы отметили два момента. В первую очередь, Иисус был представлен агнцем, а Дух Святой был явлен в виде голубя. Голубь опустился и пребывал на агнце. Другими словами, голубя (Духа Святого) привлекает природа агнца. Затем мы говорили о том, что Писание отмечает три главные черты, присущие природе агнца: чистота, кротость, жертвенно отданная жизнь. Если мы желаем иметь постоянные и непрерывные отношения с Духом Святым, нам необходимо взращивать эти три качества: чистоту, кротость и полную самоотдачу в служении Богу и Его народу. Это привлекает голубя Духа Святого и позволит Ему пребывать на вас. В то время как злые слова, зависть, сварливость, высокомерие — это отпугивает голубя. И порой требуется значительное время, чтобы привлечь Его назад, если мы попустительствовали подобным плотским проявлениям.

В этой части мы рассмотрим три важных результата, которые только Дух Святой может произвести в нас. Прежде всего, следует подчеркнуть, что нет никакой другой личности, другого инструмента, другой силы, которые могли бы сделать для нас то, что может сделать только Святой Дух, — Он абсолютно уникален. Если мы не принимаем от Него, то нет больше никого, от кого бы мы могли получить то, в чём нуждаемся.

Давайте обратимся к Книге пророка Захарии 4:6:

Это слово Господа к Зоровавелю ...

Зоровавель был тем, кто вывел еврейский народ из вавилонского плена.

Не воинством и не силою, но Духом Моим, говорит Господь Саваоф.

Господь Саваоф переводится как «Господь духов» или «Господь воинств». Итак, Бог правит с могуществом и силой (где в Синодальном переводе стоит слово «воинство», в других переводах сказано «могущество» — *примеч. ред.*). В данном случае *могущество* и *мощь* (в отличие от немощи) это то, что вы имеете как свои *естественные таланты* и *способности*. А *сила* — это то, что вы *можете развить и приобрести*, например: образование, финансы, общественное влияние, и тому подобное. Но Бог говорит, что ни то и ни другое не может сделать то, что хочет Он. Есть только одна Личность во всей Вселенной, могущая сделать то, что хочет Бог — это Дух Святой.

Обратите внимание на то, что эти слова принадлежат Господу воинств и сил — Тому, Кто имеет в Своем распоряжении *всю* мощь и *всю* силу Вселенной. Но они не могут выполнить Его целей. Вот почему Бог отказывается от использования Своей мощи и Своей силы. Порой нам бы хотелось чтобы Бог видимым образом проявил Свою силу, разделался с нечестивцами и подверг их публичному наказанию и т.д. Но Бог сдерживает Себя, потому что такого рода сила не может достичь тех результатов в нас, которые стоят на первом месте в списке Его приоритетов. Бог мог бы расправиться с нечестивыми, но на данный момент Его главная цель состоит в том, чтобы провести работу со Своими детьми, Своим народом, и достичь внутри них тех результатов, которые может произвести только Дух Божий.

Посмотрите, что Павел пишет во 2-ом Тимофею 1:7. Здесь указаны три факта, касающиеся Духа Святого, на которых я хотел бы заострить ваше внимание:

Ибо дал нам Бог духа не боязни, но силы и любви и целомудрия.

Вот три главных результата, которые Бог хочет произвести в нас Духом Святым: *сила*, *любовь* и *целомудрие* (что можно перевести как *здравое мышление и суждение*). Давайте рассмотрим каждый из них.

Итак, какого рода **силу** дает Дух Святой? Вот что Иисус сказал Своим ученикам прямо перед тем, как Он покинул их (это были последние слова, которые Он произнес на земле) и был вознесен на небеса — Деяния 1:8:

Но вы примете силу, когда сойдет на вас Дух Святый; и будете Мне свидетелями в Иерусалиме и во всей Иудее и Самарии и даже до края земли.

Тем самым Он сказал: «*Не уходите и не начинайте своего служения, не начинайте проповедовать до тех пор, пока вы не примете эту сверхъестественную силу, которая приходит только от Святого Духа».* Итак, это была не военная сила, — у апостолов не было военной силы. Это была не физическая сила и не сила интеллекта. Они не проводили много времени в спорах и богословских диспутах. Иисус говорил о сверхъестественной духовной силе.

Видите ли, весть Евангелия в самой своей сущности является сверхъестественной. Она вращается вокруг Человека, который умер, пробыл три дня в гробу, затем воскрес из мертвых и был вознесен на небеса. Это совершенно сверхъестественные события. Поэтому мы можем понять логику такого повеления, данного ученикам. Стоит ли проповедовать о сверхъестественных событиях, имея в распоряжении лишь естественную способность и силу? Будет ли у такой проповеди цель? (Другими словами: сверхъестественное послание должно приводить к сверхъестественным результатам — обращению, вере, рождению свыше и т.д., — но для передачи такого послания требуется сверхъестественные силы и способности.) Мы можем перефразировать слова Иисуса так: *«Сила, в которой вы нуждаетесь, должна соответствовать посланию, которое вам поручено нести».* Послание является сверхъестественным, поэтому и сила должна быть сверхъестественной. И когда Дух Святой сошел на них, то сверхъестественная сила совершенно нового рода сразу же была высвобождена в Иерусалиме и, согласно плану Иисуса, начала распространяться из Иерусалима до самых удаленных окраин земли.

Таким образом, первое, чем наделяет нас Дух Святой, это *силой* — силой особого рода, которая отличается от силы понимаемой этим миром. И мы должны ясно увидеть это различие. Апостол Павел говорит: «*Божья сила совершается* (т.е. становится совершенной) *в нашей немощи*». Пытаясь подражать методам этого мира, стремясь к успеху, который ценит этот мир, тем самым мы отворачиваемся от истинного источника духовного успеха. Этим источником является духовная сила совершенно другого рода, которая может прийти только от Святого Духа. Это сверхъестественная сила превозносит Иисуса, производит чудеса, обличает людей в грехе, праведности и суде, пишет Божьи законы на их сердцах, и приводит их к совершенно новому образу жизни. Именно она производит всё то, о чём заботится Бог, имея дело со Своими детьми.

Как уже было сказано, Бог может прямо сейчас разобраться с нечестивыми людьми так, как они этого заслужили. Но сегодня Он взращивает Свою семью, создает народ для Себя. И делает Он это через Дух Святой и никак иначе.

Затем, Дух Святой дает нам **любовь**. Говоря о любви, Павел пишет в Послании к Римлянам 5:5:

А надежда не постыжает, потому что любовь Божия излилась в сердца наши Духом Святым, данным нам.

Это удивительное утверждение: «*Любовь Божья была излита в наши сердца Духом Святым*». Не частица любви Божьей, но вся любовь Божья. Я часто говорю людям, которые были исполнены Духом Святым: «Вам нет нужды просить еще больше любви. Вам нужно научиться высвобождать ту любовь, которая уже была излита в вас. На самом деле, просить больше любви — значит проявлять определенное неверие, потому что любовь Божья уже была излита Духом Святым в наши сердца во всей своей полноте». Библия говорит, что Бог не мерой дает нам Духа Святого. Дух не отмеривается порциями. Он приходит во всей полноте. Бог не скупится. Бог изливает весь Свой Дух и всю Свою любовь щедро и обильно в наши сердца. Наша проблема не в том, что у нас нет достаточного количества любви, но в том, что мы не даем места и не высвобождаем эту любовь.

Наконец, третье, о чём Павел пишет Тимофею, — это **целомудрие** (букв. «здравое суждение или здравое мышление»). Как я понимаю, это способность давать такую оценку, иметь такое суждение, какое имеет Сам Бог. При каждом удобном случае в беседах с христианами, я подчеркиваю, что сегодня самым великим реалистом на земле является Дух Святой. Он никогда не впадает в сентиментальность. Он никогда не обманывается внешним. Дух Святой всегда смотрит прямо в сущность вещей, в суть каждой ситуации, в сердце каждого человека, в корень каждой проблемы. И Он всегда говорит нам только истину.

Сегодня мы видим целое поколение людей, которые хотят, чтобы вещи были названы своими истинными именами. Когда я служу таким людям, то всегда говорю им следующее: «Если вы хотите встретить кого-то, кто сказал бы вам правду, — значит, вы желаете Духа Святого. Потому что Он никогда не разводит сантиментов, не преувеличивает, не пускает пыль в глаза — Он всегда называет вещи их настоящими именами. И тогда уже от вас будет зависеть, как вы отреагируете».

Павел пишет в Послании к Римлянам 12:2:

И не сообразуйтесь с веком сим, но преобразуйтесь обновлением ума вашего, чтобы вам познавать, что есть воля Божия, благая, угодная и совершенная.

Итак, наш разум должен быть изменен и обновлен для того, чтобы мы могли иметь такого рода суждение, а инструментом для осуществления этого обновления будет Дух Святой. Очень похожее выражение использовано Павлом в Ефесянам 4:23:

Обновиться духом ума вашего...

Мы знаем, что в оригинальном тексте нет заглавных букв, а из контекста всего Нового Завета мы понимаем, что речь здесь идет о Духе Святом (в нескольких авторитетных переводах прямо так и сказано: *«и обновиться умом вашим в Духе»* — прим. ред.). Таким образом, не философия и не образование, но сверхъестественное действие Духа Святого обновляет наш разум. Видите ли, Бог изменяет нас изнутри, религия же пытается изменить нас снаружи, она больше всего озабочена внешним. Но Бог действует изнутри, обновляя наш разум и весь образ нашего мышления. И когда мы начинаем думать по-другому — мы начинаем жить по-другому. Наша часть заключается в том, чтобы мы уступили и покорились Духу Святому в каждой сфере нашей жизни.

Итак, Дух Святой был послан дать нам то, что ничто другое, никто другой, никакая сила, передать не сможет: *сверхъестественную силу, любовь* и *здравое суждение*. И мы получаем это только тогда, когда покоряемся и уступаем Духу Святому.

ДУХ И СЛОВО

Итак, мы говорили о том, что Дух Святой делает для нас то, что никто другой не в состоянии сделать. Он является источником силы, любви и здравого суждения. Павел пишет во 2-ом Тимофею 1:7:

Ибо дал нам Бог духа не боязни, но силы и любви и целомудрия.

Еще в Ветхом Завете через пророка Захарию Бог говорил, что нет другой силы, другой личности, другого влияния, которые смогли бы дать те результаты, которых хочет достичь Бог. Книга пророка Захарии 4:6:

Это слово Господа... не воинством и не силою, но Духом Моим, говорит Господь Саваоф.

Он — Господь воинств. Он обладает всем могуществом, у Него вся сила. Однако имея дело с нами, Он не использует силу и мощь, потому что они не смогут дать тех результатов, которые Он хочет достичь в нас. Эти результаты могут быть произведены только Духом Святым, благодаря Его внутренней работе в наших сердцах и жизнях, когда Он изменяет нас изнутри и преображает нас в образ Господа нашего Иисуса Христа.

Дальше мы поговорим о той связи, которая существует между Духом Божьим и Словом Божьим. И первое, что я хотел бы сказать: **Дух и Слово всегда находятся в совершенной гармонии между собой**. Они никогда не противоречат друг другу. Там присутствует тесная связь и полное согласие. Прежде всего, давайте рассмотрим сотворение мира. В Псалме 32:6 сказано:

Словом Господа сотворены небеса, и духом уст Его — всё воинство их.

Здесь слово «духом» должно начинаться с большой буквы, потому что здесь говорится о Святом Духе. Таким образом, всё творение было сотворено благодаря двум инструментам: Слову Господа и Духу Господа. Нам важно увидеть, что они действуют вместе, находясь в абсолютной гармонии. Ни один из них не действует без другого. Это истинно и в нашей жизни: Божьи результаты в нас достигаются Его Словом и Его Духом, трудящимися вместе.

Если мы обратимся к самому началу Библии, где описано первоначальное творение, то прочитаем в Бытие 1:2-3 следующее:

Земля же была безвидна и пуста, и тьма над бездною, и Дух Божий носился над водою.

Итак, мы видим, что Дух Божий двигался (или парил подобно голубю) над поверхностью темных вод. Интересно, что первой личностью Божества, упомянутой отдельно в Писании, был Дух Святой.

И сказал Бог: да будет свет. И стал свет.

В этом стихе мы видим слово, исходящее из Божьих уст. Бог произнес слово «свет», и появился свет. Но это произошло не без Духа Божьего. Вначале мы видим движение Духа Божьего, готовящего путь Слову Божьему. Затем Слово соединилось с Духом, и они вместе (Дух и Слово) произвели акт творения. Очень важно понять это, потому что именно так Бог действует в наших жизнях, — Своим Словом и Своим Духом, которые трудятся в гармонии. Они никогда не действуют друг без друга.

Мне бы хотелось подчеркнуть очень важную двойную роль, которую выполняет Святой Дух в передаче нам Слова Божьего. Дух Святой является одновременно и автором, и толкователем Писания (записанного Слова Божьего). Он не просто автор, но также и толкователь.

Давайте рассмотрим вначале авторство Духа Святого. Павел пишет во 2-ом Тимофею 3:16:

Всё Писание богодухновенно и полезно для научения, для обличения, для исправления, для наставления в праведности.

Слово, переведённое как «богодухновенно», это буквально «выдохнуто Богом». А слово «выдохнуто» напрямую связано со словом «дух». Дух это «пневма», выдохнуто — это «пневстас». Оба слова имеют один и тот же корень. Это говорит нам о том, что **Дух Святой был автором всего Писания**. Не имеет значения, чьей рукой писались эти слова в книжном свитке — Дух Святой вдохновлял и руководил этого человека, т.е. именно Он был автором этого Слова. Поэтому за всем Писанием находится авторитет автора — Духа Святого.

Об этом же говорится во Втором послании Петра 1:20-21:

Зная прежде всего то, что никакого пророчества в Писании нельзя разрешить самому собою. Ибо никогда пророчество не было произносимо по воле человеческой, но изрекали его святые Божии человеки, будучи движимы Духом Святым.

Итак, мы опять видим, что пророческое откровение Писания пришло от Святого Духа. Оно никогда не было плодом человеческого ума, людских размышлений и рассуждений. Но за Священным Писанием стоит сила и вдохновение Святого Духа.

Теперь давайте рассмотрим ту часть, которую выполняет Дух Святой как толкователь Писания. Давайте обратимся к тем же самым словам из Второго послания Петра 1:20:

Зная прежде всего (это очень важно! это надо знать прежде всего и помнить об этом всегда!), *что никакого пророчества в Писании нельзя разрешить самому собою.*

Никто не может брать Писание и истолковать его на основании своего личного понимания. Есть только один толкователь, авторитет которого нельзя подвергнуть сомнению — это сам автор. Чудесно то, что Бог предоставляет нам автора Писания в качестве толкователя Писания. Итак, никому из нас никакое Писание нельзя разрешить самому собой. **Имеет силу только то толкование, которое приходит Духом Святым.**

Иисус говорит о Духе Святом как о толкователе Писания в Евангелии от Иоанна 14:26:

Утешитель же, Дух Святый, Которого пошлет Отец во имя Мое, научит вас всему и напомнит вам все, что Я говорил вам.

Дух Святой является автором и учителем Писания. Иоанна 16:13:

Когда же приидет Он, Дух истины, то наставит вас на всякую истину: ибо не от Себя говорить будет, но будет говорить, что услышит, и будущее возвестит вам.

Поэтому всякий раз, когда мы подходим к Слову Божьему, мы зависим от Духа Святого — чтобы Он вел и учил нас, вводя во всю истину. Нам надо всегда помнить, что Дух Святой является автором Писания. Он никогда не противоречит Сам Себе. Он никогда не будет учить чему-то и вводить нас во что-то, что противоречит Слову, которое Он Сам дал.

Мне нравится пример пианиста и пианино. Пианино представляет Библию. Оно имеет ряд белых и черных клавиш, соответствующих определенному набору звуков. В определенном смысле пианино закончено и поэтому ограничено. То же самое мы можем сказать о Библии. Она имеет целый ряд книг, состоящих из определенного количества глав и стихов. Не смотря на то, что это достаточно объемная книга, но она не бесконечна — вы можете взять и держать ее в руке. Возвращаясь к нашему примеру, мы можем сказать, что пианино само по себе бесполезно — стоя в вашей гостиной, оно не издает никаких звуков. Для того чтобы произвести музыку — ради чего пианино и было создано — нам необходим еще и пианист. И когда к нему подходит настоящий пианист, то нет предела тому, сколько музыкальных композиций он сможет извлечь из этого пианино. Он совершенно не ограничен десятком или даже тысячью музыкальных произведений. Пианист может извлечь из этого ограниченного музыкального инструмента в буквальном смысле неограниченное количество композиций. Так и с Писанием — записанным Словом Божьим — нет предела тому, что Дух Святой может извлечь из Писания, когда мы открываем Слово Божье с Ним. Но когда мы пытаемся делать это сами, то результат будет плачевный. Только Духу Святому должно быть позволено играть на клавишах Слова Божьего.

Говоря о взаимодействии Духа и Слова, необходимо указать еще и на то, что **Слово является зеркалом Духа**. 2-ое Коринфянам 3:17-18:

> *Господь есть Дух; а где Дух Господень, там свобода. Мы же все открытым лицем, как в зеркале, взирая на славу Господню, преображаемся в тот же образ от славы в славу, как от Господня Духа.*

В Послании Иакова 1:23 апостол ясно пишет нам, что одна из функций Божьего Слова — быть зеркалом, которое показывает нам не нашу внешность, но открывает нашу внутреннюю сущность. В своем послании Павел употребляет тот же самый прообраз. Согласно его словам, когда мы смотрим в зеркало Святого Духа и видим то, кем мы в реальности являемся, то Дух Святой работает внутри нас, изменяя нас в тот образ, кем мы должны быть, согласно откровению Писания. Дух Святой показывает как нас самих, так и рисует образ того, кем мы являемся во Христе. И когда мы продолжаем всматриваться в этот образ, Дух Святой изменяет нас в подобие того, что мы видим.

Вот почему Слово Божье так важно для работы Духа, потому что когда нет этого духовного зеркала, тогда Дух Святой не может действовать в нас. Он изменяет нас только тогда, когда мы всматриваемся в то, что видим в зеркале Слова Божьего. Когда мы отворачиваемся от Слова, то в нас угасает работа Духа Святого. Но как прекрасно, что Он изменяет нас от славы в славу! Это возрастающее откровение о том, кто мы во Христе, куда Дух Святой переместил нас.

УЧАСТИЕ ДУХА В МОЛИТВЕ

Мы уже говорили о том, что есть два ключевых момента, в которых Дух Святой связывает нас с Богом, в качестве Его детей, членов Его семьи. Первое — это новое рождение, когда мы рождаемся заново от Духа Божьего. Согласно словам Иисуса, кто не родится от Святого Духа, тот не сможет ни увидеть Царство Божье, ни войти в него. Рождение свыше является единократным духовным переживанием. Однако рождением всё не заканчивается. Затем Дух Святой готов вести нас в процесс возрастания в зрелых сынов Божьих, членов Его семьи — не просто младенцев, не просто новорожденных детей. Это достигается через ежедневное, постоянное, непрекращающееся водительство Святого Духа: «Все постоянно водимые Духом Святым являются зрелыми сынами Божьими». Итак, вот этот путь — и это единственный путь для нашего возрастания из детей Божьих в сыновей Божьих — и лежит он через постоянное водительство Духом Святым.

В связи с этим, как уже было не раз подчеркнуто, мы должны понимать, что Дух Святой является Личностью. Он не является отвлеченным богословской понятием или какой-то системой. Он — Личность. И для развития взаимоотношений с Ним, как уже было сказано, ключевым качеством является *чувствительность* или *восприимчивость*. Мы должны научиться быть чувствительными к Духу Святому как к Личности.

И, наконец, мы увидели, что есть взаимосвязь между Духом Божьим и Словом Божьим. Мы говорили о том, что Дух Божий, Дух Святой, является как автором, так и толкователем Писания.

Теперь давайте поговорим о той части, которую Святой Дух играет в нашей молитвенной жизни. Мы должны увидеть и помнить всегда, что Дух Святой является единственным источником эффективной молитвы. **Любая молитва, которая не приходит Духом Святым, не будет эффективной и действенной.** Она ничего не достигнет и не будет приемлемой для Бога. Павел пишет об этом в Послании к Римлянам 8:26-27:

Также и Дух подкрепляет нас в немощах наших; ибо мы не знаем, о чем молиться, как должно, но Сам Дух ходатайствует за нас воздыханиями неизреченными. Испытующий же сердца знает, какая мысль у Духа, потому что Он ходатайствует за святых по воле Божией.

В этих стихах Павел указывает, что мы все, как потомки Адама, имеем в нашей падшей природе одну прирожденную и общую для всех немощь. Это не физическая немощь. Ее можно назвать немощью нашего понимания. Она состоит в следующем: *мы не знаем, о чём молиться.* И даже когда мы знаем, о чём молиться, *мы не знаем, как молиться об этом.*

Мой многолетний опыт хождения с Богом, служения людям и общения с христианами по всему миру подтверждает, что это общая проблема всех нас — самим по себе нам трудно понять, о чём мы должны молиться в тот или иной момент времени, и как молиться об этом.

Павел объясняет, что это одна из основных причин, для чего Бог поместил внутрь нас Дух Святой — чтобы вести нас в молитве, и показывать нам то, как мы должны молиться. Сказано, что когда мы не знаем, о чём нам следует молиться, то Сам Дух Святой (обратите внимание: опять подчеркивается, что Он — Личность) ходатайствует за нас воздыханиями настолько глубокими, чтобы их невозможно выразить словами. Порой никакие слова не могут выразить ту молитву, какой мы должны молиться в данной ситуации, но Дух Святой дает нам нужную молитву.

Ключ к действительно успешной молитве состоит в том, чтобы позволить Духу Святому поддерживать постоянное молитвенное служение внутри вас. Оно может продолжаться, даже когда мы не молимся нашим разумом и нашими устами. Дух Святой является постоянным ходатаем, и когда мы предоставляем Ему свободу, то Он ходатайствует внутри нас день и ночь.

Также Дух Святой наделяет нас силой, которая делает наши молитвы действенными и эффективными. Говоря о молитве и о том, что Бог может сделать через молитву, Павел пишет в Послании к Ефесянам 3:20:

А Тому, Кто действующею в нас силою может сделать несравненно больше всего, чего мы просим, или о чем помышляем...

Нельзя ограничить своим пониманием то, что Бог может сделать в ответ на нашу молитву. Однако эффективность молитвы соответствует той силе, которая трудится внутри нас. Что это за сила внутри нас, которая делает наши молитвы эффективными? — Павел ясно говорит об этом в восьмой главе Послания к Римлянам — это сила Святого Духа.

Мы наблюдаем это в нашей жизни. Вот два христианина, каждый из которых молится одними и теми же словами, например, за исцеление человека. И один получает ответ на свою молитву, а другой — нет. В словах молитвы разницы не было — разница в силе этих слов. Мы должны осознавать, что полностью зависим от Святого Духа, чтобы Он направлял нас в молитве и наделял нашу молитву силой. И мы должны помнить о том, что Павел сказал в 1-ом Коринфянам 4:20:

Ибо Царство Божие не в слове, а в силе.

Оно не в правильных словах, которыми мы молимся — честно сказать, порой мы используем слишком много слов и молимся слишком долго — оно в силе, которая должна высвобождаться через эти слова. И мы должны возрастать в Духе, научиться понимать Его, покоряться и позволять Ему вести нас и наделять силой наши молитвы.

Давайте рассмотрим четыре небольших примера разного рода молитв, какие может дать Дух Святой. Первый — это **молитва, основанная напрямую на Слове Божьем**. Мы берем обетование Божье и приходим с ним к Богу, давшему это обетование, и говорим: *«Боже, сделай то, что Ты обещал»*. Давид молился подобной молитвой в 1-ом Паралипоменон 17:23. Бог сказал ему, что собирается устроить его род, его дом, и это было намного больше того, о чём мог мечтать Давид. Но когда Давид принял это пророческое слово, то он сказал следующее:

Итак теперь, о, Господи, слово, которое Ты сказал о рабе Твоем и о доме его, утверди навек, и сделай, как Ты сказал.

Вот в чём ключ: *«сделай, как Ты сказал»*. Когда ангел Гавриил пришел к деве Марии, и сообщил ей, что она должна стать матерью Сына Божьего, Мессии, то это было намного больше того, что она могла ожидать в своей жизни. Но ее ответ был такой (Лук. 1:38):

Се, Раба Господня; да будет Мне по слову твоему.

В этом ключ. Нет мощнее молитвы, чем та, в которой вы получаете от Духа Святого провозглашение Слова Божьего.

Затем, есть **молитва, которая напрямую вдохновлена Духом Святым**. Господь говорит Своему народу в Псалме 80:11:

Я Господь, Бог твой, изведший тебя из земли Египетской; открой уста твои, и Я наполню их.

Не знаю, происходило ли такое с вами, когда вы просто открываете уста и позволяете

Господу дать вам молитву, не обдумывая заранее слов, которые будут исходить из ваших уст. Вы просто позволяете Ему молиться через вас. Иногда благодаря такой молитве вы можете открыть для себя волю Божью. Когда вы начинаете молиться о том, о чём не думали молиться (возможно, это касается вас или какой-то особой ситуации), то эта молитва, данная Духом Святым, может стать откровением воли Божьей.

Затем, существует **сверхъестественная молитва**. Павел учит о молитве на незнакомом языке, которая является сверхъестественной молитвой. Такая молитва становится возможной только благодаря Духу Святому. Вот что он пишет в 1-ом Коринфянам 14:14-15:

Ибо когда я молюсь на незнакомом языке, то хотя дух мой и молится, но ум мой остается без плода. Что же делать? Стану молиться духом, стану молиться и умом; буду петь духом, буду петь и умом.

Когда Павел говорит *«буду молиться моим духом»* или *«буду петь моим духом»*, то он подразумевает под этим следующее: «я буду молиться словами на незнакомом языке, данными мне Духом Святым, — словами, которые не понимаю». Но, согласно его свидетельству, это не единственный способ, как он может молиться и петь. Это всего лишь один из вариантов.

И, наконец, есть то, что я называю: **молитва родовых мук**. В Послании к Римлянам

8:23 апостол Павел говорит об этом следующее:

Но и мы сами, имея начаток Духа, и мы в себе стенаем...

Он говорит о молитве, которая просто не может быть выражена словами. Она так глубока и идет настолько глубже нашего естественного понимания, что нам следует просто позволить Духу Святому стенать через нас. Очень важно помнить, что Царство Божье не будет рождено без родовых мук. Это также истинно в духовном мире, как и в физическом.

В 1904 году было великое духовное пробуждение в провинциальной глубинке Уэльса, который входит в состав Великобритании. Человека, которого Бог использовал как инструмент для начала этого потрясающего пробуждения, звали Эван Робертс. Его брат написал позднее, что за месяцы до того как началось пробуждение (они были бедной семьей, и двум братьям приходилось спать на одной кровати), он слышал, что много ночей подряд его брат издавал во сне очень глубокие странные стоны, причину которых он не мог понять. Это была непрерывная молитва родовых мук, которая произвела на свет великое пробуждение в Уэльсе.

Таким образом, мы должны научиться подчиняться Святому Духу, позволяя Ему быть действительным Господом в нашей молитвенной жизни. Помните, о чём мы с вами уже говорили, что Он — Господь, и одна из сфер, в которой мы должны подчиниться Его Господству и довериться Ему в вере — это наша молитвенная жизнь.

ГОТОВНОСТЬ К ТОМУ, ЧТОБЫ БЫТЬ БЕЗУМНЫМ

Мы говорили с вами о том, что Дух Святой является единственным источником действенного водительства и силы в нашей молитвенной жизни. Также мы рассмотрели четыре вида молитвы, которые могут быть даны Духом Святым:

1. Молитва, которая основана на Слове Божьем, подобно молитве девы Марии, когда она сказала ангелу, принесшему слово от Господа: *«Да будет мне по слову твоему»*.

2. Молитва, которая вдохновлена напрямую Духом Святым. Бог говорит: *«Открой уста твои, и Я наполню их»*. Мы не знаем, что будем говорить, но открываем свои уста, и Дух Святой дает нам ту молитву, какую желает Бог.

3. Сверхъестественная молитва — молитва на незнакомом языке, данном Духом Святым.

4. Наконец, так называемая «молитва родовых мук». Молитва настолько глубокая, настолько интенсивная, что она не может быть выражена в словах, и выражает себя в стонах подобных родовым мукам.

Конечно, существует много других видов молитвы, я привел вам лишь четыре примера.

Теперь мы рассмотрим один очень важный факт — Дух Святой часто направляет нас по пути, который идет наперекор естественному пониманию и мышлению. Павел очень ясно говорит об этом парадоксе в 1-ом Коринфянам 2:12-14:

Но мы приняли не духа мира сего, а Духа от Бога, дабы знать дарованное нам от Бога,

Обратите внимание, что есть два источника: один Дух исходит от Бога, другой дух — от этого века, от этого миропорядка. И тот дух, который исходит из существующего порядка вещей мира — это не Дух Божий, это другой вид духа. Затем Павел продолжает:

... что и возвещаем не от человеческой мудрости изученными словами, но изученными от Духа Святаго, соображая духовное с духовным.

... Или «*совмещая духовные мысли с духовными словами*». Мудрость, приходящая Духом Святым, не выражается языком человеческой мудрости. Должен признаться, что когда я слышу проповедника, обильно использующего язык психологии и психиатрии, то меня это раздражает. Эти термины имеют свое место в жизни, но это не те слова, которые использует Бог для того, чтобы открыть Свою Божественную мудрость. Павел продолжает:

Душевный человек (т.е. человек, который ограничен своим естественным пониманием) не принимает того, что от Духа Божия, потому что он почитает это безумием; и не может разуметь, потому что о сем надобно судить духовно.

Поэтому когда мы опираемся на свое собственное естественное понимание, то не имеет значения, насколько мы высокообразованные, утонченные и культурные люди — мы не можем принять от Духа Божьего. В таком случае производимое Духом Святым выглядит глупым в наших глазах. Хотя это совсем не означает, что это действительно что-то глупое, однако оно может выглядеть глупым для нас. Видите ли, Бога совсем не впечатляет мудрость мира сего. Послушайте, что говорит апостол Павел в 1-ом Коринфянам 1:18-20:

Ибо слово о кресте для погибающих юродство есть, а для нас, спасаемых, — сила Божия.

Как видите, слово для всех одно и то же — и если в чём-то и есть проблема, то она в восприятии. Если мы воспринимаем производимое Богом на нашем естественном уровне, то для нас это выглядит глупостью. Но если мы позволяем Духу Святому истолковать это нам, то это становится силой Божьей. Павел продолжает:

Ибо написано: погублю мудрость мудрецов, и разум разумных отвергну. Где мудрец? где книжник? где совопросник века сего? Не обратил ли Бог мудрость мира сего в безумие?

Это очень важная мысль, потому что сегодня в Церковь проникает многое от мирской мудрости, но Бог сделал ее глупостью. Нам не следует преклоняться перед мирской мудростью и ее путями.

Затем Павел продолжает ту же самую

мысль в 1-ом Коринфянам 3:18-20:

Никто не обольщай самого себя. Если кто из вас думает быть мудрым в веке сем, тот будь безумным, чтобы быть мудрым.

Пожалуй, здесь будет уместно поделиться своим личным свидетельством. У меня была привилегия получить лучшее образование, которое только возможно в Британии. Много лет я изучал именно то, что Павел назвал *«мудростью мира сего»* — философию, и, в первую очередь, греческую философию. Когда Павел писал это послание, то греческая философия была именно тем, что было мудростью века сего — мудростью античного мира. И должен сказать, что когда я пришел к Богу, то сначала обязан был стать глупым (отречься от своих знаний), прежде чем смог познавать мудрость Божью.

Итак, согласно словам Павла, если кто-то выглядит мудрым в веке сем, тогда первое, что такой человек должен сделать — это стать глупым в своих собственных глазах и в глазах других людей, чтобы он мог стать действительно мудрым. Затем Павел продолжает:

Ибо мудрость мира сего есть безумие пред Богом, как написано: уловляет мудрых в лукавстве их. И еще: Господь знает умствования мудрецов, что они суетны.

Все умственные построения мирских мудрецов являются суетными и бесполезными. И вот какой решительный и окончательный вывод делает Павел немного далее, в 1-ом Коринфянам 8:2:

Кто думает, что он знает что-нибудь, тот ничего еще не знает так, как должно знать.

Согласно словам Павла наше естественное мышление не пригодно для принятия Божьих откровений. И первое, что следует сделать — это прекратить все естественные рассуждения и не полагаться на свой собственный интеллект и образование, смирить себя и склонить свой разум перед Богом и признать то, что у нас нет Божественной мудрости. После этого Дух Святой начнет наделять нас Божьей мудростью. Но сначала должен произойти процесс смирения себя самого. И, насколько я понимаю, люди, которым труднее всего смирить себя пред Богом — это интеллектуалы. Судя по всему, именно развитие умственных способностей производит в людях самую большую гордость. Люди склонны становиться гордыми по причине обладания богатством, политической властью, внешней красотой — есть много других вещей, которые могут возбуждать в человеке гордость — но, на мой взгляд, развитие личной интеллектуальной силы возводит самые мощные цитадели гордости в плотском человеке.

Видите ли, дело совсем не в том, что Бог исключает мудрость. На самом деле, именно Бог является источником всякой истинной мудрости, и Он открывает и делает ее доступной для Своего народа. Но Божья мудрость отличается от мудрости падшего человечества. **Ключом к Божьей мудрости является Крест.**

Но для естественного мышления Крест является абсолютным безумием. Бог послал Своего Сына в мир для того, чтобы спасти мир, и Он позволил, чтобы Его Сын был схвачен грешниками, предан лживому суду, несправедливо осужден на смерть и умер в муках, отвержении и позоре. Если вы хотите высвободить силу для спасения человечества, что может быть более странным, чем такой план действий? Но Павел говорит, что Крест и то, что произошло на нем — это в действительности является ключом ко всей мудрости и силе, исходящей от Бога.

Мы читаем в 1-ом Коринфянам 2:4-8 (может быть, вы обратили внимание, что практически все мои цитаты взяты из этого послания, потому что именно в этом послании Павел распинает мудрость мира сего и показывает, чем является истинная мудрость):

И слово мое и проповедь моя не в убедительных словах человеческой мудрости, но в явлении духа и силы, чтобы вера ваша утверждалась не на мудрости человеческой, но на силе Божией.

Это действительно важно! Много лет назад я изучал современную философию (которая была современной для тех дней). В то время (между Первой и Второй Мировыми войнами — *прим. ред.*) все восхищались так называемой *лингвистической философией.* В течение двух лет я изучал этот предмет лично у Людвига Виткенштейна, самого известного профессора того времени. Но должен вам сказать, что всё то, что я тогда учил, сегодня уже совершенно неактуально, — всё полностью изменилось. Поэтому если бы я опирался на мудрость такого рода, то сегодня у меня не было бы вообще никакого основания. Поэтому это не может быть надежным основанием для веры. Ваша вера должна основываться на силе Божьей, а не на мудрости человеческой, потому что сила Божья не изменяется.

Мудрость же мы проповедуем между совершенными, но мудрость не века сего и не властей века сего преходящих, но проповедуем премудрость Божию, тайную...

Как мне нравятся эти слова: Божья мудрость, хранимая в тайне. Бог имеет мудрость — тайную и сокровенную мудрость Божью. И это было именно тем, что я искал, как философ. Само слово «философия» означает «любовь к мудрости». Я всегда упорно искал мудрость, но получил лишь разочарование, потому что не мог обнаружить настоящую мудрость. Но однажды, по Божьей благодати и милости, я пришел на то место, где мне открылась дверь к тайной и сокровенной мудрости Божьей. Вот, что Павел говорит об этом (каждый раз, когда я читаю эти слова, они восхищают меня):

... но проповедуем премудрость Божию, тайную, сокровенную, которую предназначил Бог прежде веков к славе нашей ...

Какие прекрасные слова! Мы должны согласиться, что Бог имеет мудрость, которую Он предназначил к славе нашей прежде сотворения и **цель Его мудрости** (послушайте это!) — **наше пребывание в Его славе!** Это потрясающее откровение! Никакой человеческий разум никогда не смог бы разработать подобный сценарий. Это могло прийти только от Бога. И далее Павел говорит об этой мудрости:

> *... которой никто из властей века сего не познал; ибо если бы познали, то не распяли бы Господа славы.*

Вы видите? Ключом к этой тайной, сокровенной мудрости является Крест. Для естественного, душевного человека, как говорит Павел, слово о Кресте — это юродство и безумие. Помню, насколько нелепым это казалось мне, когда я впервые услышал об этом! Буквально всё во мне восстало против этого. Это была настолько неприглядная картина — обнаженный и растерзанный молодой человек, умирающий в муках на кресте. Как за всем этим мог находиться Бог? Что тем самым нам предлагают? Но потом Дух Святой открыл мне это. У меня произошла личная встреча с тем Человеком, Который был распят на кресте. И я обнаружил, что Крест является дверью — причем единственной дверью — к тайной и сокровенной премудрости Божьей.

Но для того чтобы войти в эту дверь и получить Божью мудрость, вы должны стать безумными по стандартам мирской мудрости. Павел говорит: *«Если кто-то выглядит мудрым, пусть станет глупым, чтобы стать мудрым».* Я очень хорошо знаю из личного опыта, что это такое и насколько истинны эти слова. Когда-то я усиленно развивал свой интеллект, но наступил момент, когда я должен был отложить всё это в сторону, чтобы найти мудрость, которая приходит только через Крест.

ГОТОВНОСТЬ К ТОМУ, ЧТОБЫ БЫТЬ СЛАБЫМ

Мы говорили с вами о том, что Бога не впечатляет мудрость мира сего. Он имеет другого рода мудрость, которая выглядит безумной в глазах этого мира. Ключом к этой мудрости является Крест Христов. Приходит эта мудрость Духом Святым и действует вопреки духу мира сего. Библия говорит, что есть два противоположных вида духов: Дух от Бога и дух мира сего. До тех пор, пока мы находимся под влиянием духа мира сего, мы будем развивать мудрость естественную и душевную — мудрость века сего. Но когда мы переходим под власть Духа Святого и позволяем Ему учить и направлять нас, тогда мы начинаем принимать мудрость совершенно иного рода — мудрость Божью, которая кажется безумием для людей, находящихся под влиянием этого мира. И эта мудрость приходит только через Крест, через откровение Креста. И поэтому, по словам Павла, если вы действительно желаете быть мудрыми, то, прежде всего, вы должны стать глупыми по стандартам этого мира. Вы должны отвергнуть всю мирскую мудрость.

В этой части нашего исследования мы рассмотрим истину, которая идет рука об руку с тем, о чём мы говорили в предыдущей части: Бога не впечатляет человеческая сила, и **если вы хотите истинной Божьей силы и власти, то прежде вы должны стать слабыми по мирским стандартам**. Опять-таки именно

Крест является ключом к этой Божественной силе. Крест олицетворяет не только безумие (о чём мы говорили выше), но и немощь. Мы снова вернёмся к Первому посланию к Коринфянам, главной темой которого является разница между человеческой мудростью и Божьей, между человеческой силой и Божьей. Ключом к Божьей мудрости и силе является Крест. Итак, Павел пишет в 1-ом Коринфянам 1:22-29:

Ибо и Иудеи требуют чудес, и Еллины ищут мудрости (надо заметить, эти слова также справедливы сегодня, как и в те дни, когда Павел писал их), *а мы проповедуем Христа распятого, для Иудеев соблазн, а для Еллинов безумие ...*

Итак, перед нами распятый Христос, что для одних людей кажется безумием, а для других — немощью. Павел продолжает:

... для самих же призванных (Богом), *Иудеев и Еллинов, Христа, Божию силу и Божию премудрость* (как видите, мудрость и сила идут рука об руку), *потому что немудрое Божие премудрее человеков, и немощное Божие сильнее человеков.*

Это именно то, что мы рассмотрим в этой части: «немощное Божье сильнее человеков». Существует определённый род слабости, который является ключом к настоящей силе. Затем Павел говорит христианам:

Посмотрите, братия, кто вы, призванные: не много из вас мудрых по плоти, не много сильных, не много благородных; но

Бог избрал ...

Хочу особенным образом подчеркнуть то, что именно Бог делает выбор. Не стоит спорить с Богом, потому что именно Он принимает решение.

... но Бог избрал немудрое мира, чтобы посрамить мудрых, и немощное мира избрал Бог, чтобы посрамить сильное; и незнатное мира и уничиженное и ничего не значащее избрал Бог, чтобы упразднить значащее ...

Таким образом, с целью явить мудрость Бог сделал Свой выбор, который полностью отличается от выбора, который сделал бы человек. И далее Павел объясняет причину такого выбора:

... для того, чтобы никакая плоть не хвалилась пред Богом.

Прежде чем Бог реально войдет в нашу жизнь и станет для нас всем Тем, Кем Он хочет быть, есть одно, что Он обязывает нас отложить в сторону — это человеческая гордость. Есть два великих источника человеческой гордости: один — это мудрость, другой — это сила. И Богу необходимо разобраться с ними. Они являются преградой для истинного Божьего откровения, потому что человеческая мудрость и сила не впечатляют Бога и никак не способствуют достижению Божьих целей. Мы должны отвернуться и освободиться от них, прежде чем познаем настоящую мудрость и реальную силу Божью. По этой причине Бог избрал людей, которые с человеческой точки зрения несостоятельны и бесперспективны.

Мне довелось наблюдать жизнь нескольких христианских течений, которые в определенный момент времени решили стать сильными и мудрыми, и делать всё правильно. И вот что удивительно — Бог обходил их стороной и находил где-то небольшую группу, которая не слишком громко заявляла о себе, но была открыта к Его Духу Святому, Его мудрости и Его силе.

В своем Втором послании к Коринфянам Павел делится собственным свидетельством об этом источнике Божьей силы. Он говорит об очень болезненном переживании, когда ему досаждал ангел сатаны. Павел просил Бога об избавлении, однако Бог не сделал этого. Бог ответил на эти молитвы не так, как ожидал Павел. Порой люди говорят мне: «Мои молитвы остаются без ответа». На что я отвечаю: «Возможно, вы забыли, что «нет» — это тоже ответ!» Бог ответил на молитву Павла, но это был отрицательный ответ. И вот как Павел объясняет это во 2-ом Коринфянам 12:7-10:

И чтобы я не превозносился чрезвычайностью откровений, дано мне жало в плоть, ангел сатаны, удручать меня, чтобы я не превозносился (в другом переводе: «чтобы удержать меня от превозношения самого себя» — прим. ред.).

Обратите внимание на слова *«дано мне».* Хотели бы вы такого рода подарок? — ангела сатаны, чтобы постоянно делать вашу жизнь тяжелой? Лично я верю, что это был тот ангел, который возбуждал всё вокруг против Павла повсюду, куда бы тот ни следовал. Практически в каждом городе Павел встречался с неприятностями и волнениями. Его бросали в тюрьму, били палками, выгоняли, выбрасывали из города, побивали камнями. Всё это, по моему мнению, было результатом деятельности этого ангела. Павел говорит:

Трижды молил я Господа о том, чтобы удалил его от меня.

Я могу понять Павла! На его месте и я бы, наверное, молился точно так же...

Но Господь сказал мне: "довольно для тебя благодати Моей, ибо сила Моя совершается (достигает совершенства) *в немощи".*

Какое потрясающее откровение! Божья сила проявляется в полноте лишь в человеческой немощи. Пока человек силен своей собственной силой — пока ему кажется, что он держит ситуацию под контролем и знает, что делать — тогда где в этом место Богу? Там Бог не прославляется. Но когда мы приходим к концу нашей собственной силы, мудрости и изобретательности — когда нас уже не может спасти наше умение выходить из трудного положения, вот тогда Бог по Своей благодати высвобождает Свою мудрость и силу.

Итак, Павел идет дальше и делает заявление, на которое трудно сказать «аминь».

И потому я гораздо охотнее буду хвалиться своими немощами, чтобы обитала во мне сила Христова.

Сегодня я нечасто встречаю христиан, которые хвалились бы своими немощами. Я слышу много проповедников, которые говорят о своей силе, своих дарах и успехах, но, честно говоря, довольно трудно найти людей, которые бы хвалились своими немощами. Затем Павел делает еще более удивительное утверждение:

Посему я благодушествую в немощах, в обидах, в нуждах, в гонениях, в притеснениях за Христа, ибо, когда я немощен, тогда силен.

Можете ли вы сказать: *«Я благодушествую в немощах, в обидах, в нуждах, в гонениях, в притеснениях…»*? Обратите внимание: *«за Христа»*. Всё это происходит с нами из-за Христа — когда мы служим Господу и делаем всё ради Него.

Павел подводит всему итог простыми словами: *«Когда я немощен, тогда силен».* Это тот урок, который все мы должны будем выучить, — раньше или позже. Если мы действительно хотим высвобождение Божьей силы в нашей жизни, то лучше выучить этот урок раньше. Господь не высвободит ее через человеческую силу — только через человеческую немощь.

Видите ли, когда мы полагаемся на нашу собственную силу, то это в действительности приносит проклятие. Однако большинство христиан так и не осознало этого. В Книге пророка Иеремии 17:5 сказано:

Так говорит Господь: проклят человек, который надеется на человека (в том числе и на себя самого, на свои человеческие силы и способности) *и плоть делает своею опорою, и которого сердце удаляется от Господа.*

Вы не можете одновременно полагаться на себя и на Господа. Когда вы полагаетесь на свои силы, ваше сердце удаляется от Господа, и вы оказываетесь под проклятием. Цель Божьей милости и благодати в том, чтобы вывести нас из-под проклятья, и, делая это, порой Он должен применять достаточно радикальные меры по отношению к нам.

Всё это можно суммировать словами Павла из Послания к Ефесянам 2:8-10:

Ибо благодатью вы спасены через веру, и сие не от вас, Божий дар: не от дел, чтобы никто не хвалился. Ибо мы — Его творение, созданы во Христе Иисусе на добрые дела, которые Бог предназначил нам исполнять.

Давайте, не вдаваясь в подробности, рассмотрим некоторые истины, которые следуют из этих слов.

Во-первых: **Божья благодать начинается там, где заканчиваются человеческие способности**. До тех пор пока вы полагаетесь на себя и способны сами делать что-то, и можете делать это своими силами, — до тех пор Божья благодать не будет высвобождена. Где вы приходите к концу своих собственных способностей и сил — там начинается Божья благодать.

Во-вторых: **Божья благодать принимается только верой — ее невозможно заслужить**.

В-третьих: **Божья благодать не оставляет места гордости**. Мне бы хотелось подсчитать, сколько раз в своих посланиях Павел говорит *«чтобы никто не мог похвалиться»*. Наша гордость является величайшим врагом Божьей благодати. Поэтому, в конечном счете, вся слава идет Богу, а не нам. Вот тогда приходит Дух Святой, потому что Иисус сказал: *«Когда придет Дух Святой, Он будет прославлять Меня»*. Он не придет прославлять нас, Он не придет для того, чтобы мы выглядели большими и важными, умными и сильными. Он приходит для того, чтобы явить в нашей немощи благодать силы и мудрости Иисуса.

НЕ ВОЗВРАЩАЙТЕСЬ К СПИСКУ ПРАВИЛ И ПОСТАНОВЛЕНИЙ!

Основанием для всего нашего исследования служит одно очень интересное место Писания, это Послание к Римлянам 8:14:

Ибо все, водимые Духом Божиим, суть сыны Божии.

Здесь речь идет о зрелых, совершеннолетних сыновьях. И есть только один путь к духовной зрелости: вы рождаетесь через Дух Святой как младенец в семье Божьей, но чтобы достичь зрелости, вы должны жить под водительством Святого Духа. Слово *«водимые»* в оригинале имеет форму глагола в настоящем продолжительном времени: *водимые сейчас и постоянно.* Вы должны быть постоянно водимы Духом Святым — это единственный путь к духовной зрелости.

Есть два важных факта, касающихся Духа Святого. Прежде всего, Он — Личность. Дух Святой — это не отвлеченное богословское понятие, не система и не набор правил, но Личность. И мы должны относиться к Нему, как к Личности. И ключевым качеством в наших взаимоотношениях с Духом Святым является *«чувствительность».*

Но Дух Святой не просто Личность, Он — Господь. Он ожидает полного подчинения. То же самое подчинение, какое мы проявляем по отношению к Богу-Отцу и Богу-Сыну, мы должны проявлять и к Богу-Духу Святому.

Обо всём этом шла речь в предыдущих частях, а в этой части мне хотелось бы предостеречь вас от того, что, как я убедился, чаще всего оказывается препятствием для водительства Духом Святым. Если бы у вас была возможность угадать, что является этим препятствием, то не думаю, что большинство из вас угадало бы и с десяти раз. Итак, согласно моим наблюдениям, самым распространенным препятствием для водительства Духом Святым является законничество. Предложу вам два определения законничества (его еще называют религиозным легализмом), чтобы вы могли понять, что я имею в виду. Эти определения в чём-то схожи, но и отличаются друг от друга.

Первое определение: **законничество — это попытка достичь праведности перед Богом, соблюдая определенный набор правил.** Не так давно я проповедовал большой аудитории и мимоходом произнес такие слова: «Христианство — это не свод правил». И вдруг я заметил удивление на лицах большинства собравшихся христиан и осознал, что высказал то, о чём они никогда не задумывались. Но я повторю еще раз: христианство — это не соблюдение свода правил. Христианство, в первую очередь, это взаимоотношения с Личностью. Этой Личностью является Иисус. И взаимоотношения с Ним строятся через другую Личность — Дух Святой.

Второе определение: **законничество — это установление таких требований для достиже-**

ния праведности, которых не устанавливал Сам Бог. Бог указал в Библии Свои требования для достижения праведности перед Ним и никто, никакая церковь или группа людей не имеет права прибавлять других требований к требованиям Божьим. И добавление хотя бы еще одного правила переводит вас в область законничества. **Дух Святой является Господом, и Он не будет делить Своего Господства с набором правил.**

После грехопадения человечества наша природа стала такова, что каждый из нас более склонен полагаться на себя, чем на Дух Святой. Суть грехопадения и суть самого греха не столько в желании делать зло, сколько в желании быть независимым от Бога.

Это можно выразить таким примером: когда, для путешествия по незнакомой местности вам предлагают выбор: карта или живой проводник, — вы говорите: «Дайте лучше карту, — я достаточно умный, чтобы смог сам найти дорогу». И это достаточно подробная и совершенно точная карта, в которой нет ошибок, — как и закон, данный Моисеем, был совершенным законом. И если вы исполните его полностью, то одолеете путь и достигнете цели. Однако еще никто и никогда не смог полностью исполнить весь закон Моисеев.

Итак, вы отправляетесь в путь с картой в руках. Вы чувствуете себя сильным, уверенным и здоровым. Сияет солнце, и вы видите дорогу, которая простирается перед вами. Но спустя пару дней что-то пошло не так. Вдруг тучи заволокли небо. Пошёл дождь. Вы стоите на краю обрыва и не знаете, где север, а где юг, — куда вам идти дальше и где вы находитесь. Вы кричите: — Кто-нибудь, помогите! — И нежный голос говорит вам: — Могу ли Я чем-то помочь? — Знаете, кто это? Дух Святой. — О, Дух Святой, я так нуждаюсь в Тебе! Я попал в отчаянное положение! — Дай Мне руку, и Я выведу тебя из этой ситуации. — И будьте уверены: Он выведет!

И вот, на следующий день, казалось бы, все неприятности остались позади, вы опять бодро шагаете по дороге. Рядом с вами идет Дух Святой. Светит солнце, поют птицы, вы смотрите по сторонам и на дорогу, и думаете: — Каким же глупцом я был вчера! Я мог бы и сам, без посторонней помощи, выбраться из той ситуации, в которую забрёл. — И вы обращаетесь к Духу Святому: — Знаешь, а у меня есть хорошая карта, не хочешь ее посмотреть? — Дух Святой говорит: — Спасибо, сынок, Мне не нужна карта. Я знаю дорогу... — затем Он продолжает: — ... к слову сказать, ведь это Я составил эту карту.

Потом проходит еще немного времени, и вы думаете: — *Мне не нравится, что мой Проводник всё время ведет меня за руку. Это выглядит несколько унизительно.* — Поэтому к вам приходит такая мысль: — *Я мог бы и сам идти, используя карту.* — И в тот момент, когда вы подумали об этом, ваш Провожатый исчезает. Вы оглядываетесь по сторонам и не можете найти Его нигде. Поэтому вы продолжаете путь самостоятельно, держа в руках карту и, спустя еще два дня, оказываетесь посреди болота. Куда бы вы ни ступили, вы только еще глубже погружаетесь в трясину. К вам приходит осознание того, что скоро вы не сможете сделать ни шага. И вы кричите: — *Помогите!* — И Дух Святой говорит: — *Могу ли Я помочь тебе? Дай Мне руку, Я выведу тебя.*

Мой вопрос звучит так: Как долго мы будем вести себя подобным образом? Сколько еще мы будем пренебрегать Духом Святым и возвращаться к карте, которую даже не можем использовать правильно? Не то чтобы с картой было что-то не в порядке — проблема в нас, а не в карте. Новый Завет настоятельно предостерегает нас от попыток достичь праведности, соблюдая закон. Римлянам 3:20:

Потому что делами закона не оправдается пред Ним никакая плоть; ибо законом познается грех.

Бог говорит очень определенно: ни один человек не достигнет праведности в Его глазах через соблюдение закона. Вы спросите: Зачем же тогда он был дан? Одна из основных причин, почему был дан закон, не для того, чтобы сделать нас праведными, но чтобы мы осознали свою греховность и нужду в благодати Божьей и помощи Святого Духа. Римлянам 6:14:

Грех не должен над вами господствовать, ибо вы не под законом, но под благодатью.

Отсюда следует вывод: *если вы находитесь под законом, то грех будет господствовать над вами.* Ели же вы хотите освободиться от греха, то вам нельзя оставаться под законом, вы должны жить под благодатью. Одно исключает другое: вы или под законом, или под благодатью — вы не можете быть под ними обоими одновременно.

В Послании к Галатам 5:18 Павел говорит:

Если же вы духом водитесь, то вы не под законом.

Всегда помните, что единственный путь к зрелости лежит через водительство Духом Святым. Поэтому если вы желаете достичь зрелости, то вам не следует соблюдать закон ради этого.

Правила имеют свое место в жизни — это понятно. Но как мы должны относиться к ним? Я предложу вам одну простую мысль: **Если правила и заповеди являются Библейскими, и вы получили праведность по вере, то ваша вера сделает вас способными соблюдать эти правила и заповеди. Но вы никогда не достигнете праведности, соблюдая правила.** Благодать никогда не смешается с законом.

В Послании к Галатам 4:30 Павел использует такую иллюстрацию — он говорит о двух сыновьях Авраама: об Измаиле (который родился от рабыни по имени Агарь) и Исааке (который был рожден свободной — Саррой). Павел говорит, что когда появился Исаак, то Измаил и его мать Агарь должны были уйти. Писание говорит:

Изгони рабу и сына ее, ибо сын рабы не будет наследником вместе с сыном сво-

бодной.

Итак, вот две альтернативы и, как видите, они полностью взаимоисключающие. Если вы хотите держаться Измаила — т.е. закона и ваших плотских способностей — тогда не остается места для Исаака и благодати Божьей. Если вы хотите благодати Божьей, тогда не остается места для закона как средства достижения праведности. И в этом заключалась ошибка галатов. Они познали Иисуса Христа, они приняли Святого Духа, они переживали чудеса в своей жизни. Но Павел пишет им в Галатам 3:1-3:

> *О, несмысленные Галаты! кто прельстил вас не покоряться истине, вас, у которых перед глазами предначертан был Иисус Христос, как бы у вас распятый? Сие только хочу знать от вас: через дела ли закона вы получили Духа, или через наставление в вере? Так ли вы несмысленны, что, начав духом, теперь оканчиваете плотью?*

Признаюсь, я считаю, что это является самой распространенной проблемой в Церкви. Люди начинают Духом — они получают откровение и переживают благодать и силу Божью через Дух Святой — но потом постепенно возвращаются к карте закона. Они не желают быть зависимыми от Духа Святого. Павел указывает на то, что возврат к закону приносит проклятье. Галатам 3:10:

> *А все, утверждающиеся на делах закона, находятся под клятвою (проклятьем).*

На мой взгляд, как многие христиане лично, так и целые церкви и деноминации, находятся под проклятием. Они лишаются благословений Божьих, потому что пренебрегают Духом Святым и возвращаются к своим собственным усилиям.

Давайте вернемся к слову Господа, записанному в Книге пророка Иеремии 17:5:

> *Так говорит Господь: проклят человек, который надеется на человека и плоть делает своею опорою, и которого сердце удаляется от Господа.*

Как видите, есть только два варианта, и они полностью взаимоисключающие. Мы можем либо полагаться на Господа и довериться водительству Духа Святого, либо надеяться на себя и пытаться самостоятельно найти путь по карте. Дух Святой, будучи Господом, будучи Богом, не будет навязывать Себя в качестве проводника. **Чтобы Божье Господство было в нашей жизни не на словах, а на деле, мы должны добровольно подчиниться водительству Духа Святого.** Именно Он составил эту карту, знает ее несравненно лучше любого из нас, понимает всю мотивацию и аргументацию. И если вы желаете достичь цели, возрасти и стать духовно зрелыми, для этого есть только один путь — постоянное водительство Духа Святого.

Чтобы жить под водительством Духа Святого, вы не должны быть под законом. Вы не получите этого водительства, соблюдая набор правил. Множество христианских церквей говорят о том, что они не под законом Моисея, но при этом составляют свой собственный набор правил, в котором они ищут оправдание. В действительности практически все деноминации имеют свой собственный небольшой закон. Хочу сказать вам, что если данный Богом закон Моисеев оказался бессилен сделать людей праведными пред Богом, то тем более никакой деноминационный закон не сможет изменить людей. И не надейтесь, что таким образом можно достичь хоть какой-нибудь зрелости. Если вы обнаружили в себе такое отношение, то вам необходимо покаяться и подчиниться водительству Духа Святого.

СОЮЗ СО ХРИСТОМ

В предыдущей части было дано предостережение от того, что, на мой взгляд, является основным препятствием к водительству Духом Святым — это *законничество*. Вам было предложено два определения законничеству: 1) это попытка достичь праведности перед Богом, соблюдая закон или набор правил; 2) это установление таких требований праведности, которые не устанавливал Сам Бог. Надо признать, что сегодня этой болезнью заражено подавляющее большинство христианских церквей. В Книге пророка Иеремии 17:5 дано короткое и ясное предостережение:

Так говорит Господь: проклят человек, который надеется на человека и плоть делает своею опорою, и которого сердце удаляется от Господа.

Возвращаясь к списку правил, ради достижения праведности, мы начинаем уповать на себя, полагаться на свои плотские способности и человеческую силу, и наше сердце удаляется от Господа, и это подводит нас под проклятие. Это звучит удивительно для многих христиан. Но это так точно описывает ситуацию, сложившуюся в Церкви сегодня. Должен сказать, что Церковь имеет много проблем, но самая большая и самая распространенная проблема — это легализм.

В этой части мы рассмотрим положительную альтернативу законничеству, которая стала возможной благодаря Духу Святому. Этой позитивной альтернативой является наш личный союз со Христом, наше единение со Христом. В этом и заключается цель служения Духа Святого. Насколько я понимаю, это самое важное Его служение. Но об этом так мало говорится в современной Церкви.

В Послании к Римлянам Павел пишет о союзе с нашей плотской природой под законом, который приносит смерть. Но противоположным этому является освобождение от нашей плотской природы благодаря смерти Иисуса на кресте и соединение через Дух Святой с воскресшим Христом. Итак, вот эти две альтернативы: первая из них приводит к легализму; вторая — к выполнению воли Божьей для каждого верующего во Христа — личный, духовный союз с Господом Иисусом через Дух Святой. Теперь давайте обратимся к словам Павла в Римлянам 7:1-6:

Разве вы не знаете, братия (ибо говорю знающим закон), что закон имеет власть над человеком, пока он жив?

Когда вы находитесь под законом, то единственный путь, чтобы выйти из-под его власти — это смерть.

Замужняя женщина привязана законом к живому мужу; а если умрет муж, она освобождается от закона замужества. Посему, если при живом муже выйдет за другого, называется прелюбодейцею; если же умрет муж, она свободна от закона, и не будет прелюбодейцею, выйдя за другого мужа. Так и вы, братия мои, умерли для закона телом Христовым, чтобы принадлежать другому, Воскресшему из мертвых, да приносим плод Богу. Ибо, когда мы жили по плоти, тогда страсти греховные, обнаруживаемые законом, действовали в членах наших, чтобы приносить плод смерти...

Это удивительное утверждение, не так ли? *«Страсти греховные, обнаруживаемые законом* (в другом переводе: *«которые появляются благодаря закону»*)*»*. Как такое может быть? Ответ такой: Когда мы полагаемся на свою способность соблюдать Божий закон, мы оказываемся под властью нашей плотской сущности, а наша плоть не способна ни к чему хорошему. Павел говорит: *«...знаю, что не живет во мне, то есть в плоти моей, доброе»* (Римл. 7:18). Проблема большинства из нас не в том, что мы отличаемся от Павла, но в том, что мы не осознаем того, что знал он. Павел прекрасно осознавал, что наша плотская натура не может произвести на свет ничего хорошего. И вот какой итог он подводит сказанному:

... но ныне, умерши для закона, которым были связаны, мы освободились от него, чтобы нам служить Богу в обновлении духа, а не по ветхой букве.

Павел проводит параллель с брачным заветом. Он говорит о том, что если женщина связана браком с мужчиной, то она остается его женой до тех пор, пока ее муж жив. И если она уйдет от этого мужчины при его жизни, то станет прелюбодейкой. Но если ее муж умрет, тогда она свободна выйти замуж за другого мужчину — ее уже нельзя будет назвать прелюбодейкой.

Вот так Павел объясняет нам, что, находясь под законом, мы соединены с нашей плотской натурой и вынуждены полагаться на нашу собственную плотскую способность делать то, что требует Бог. Причем Павел снова и снова подчеркивает тот факт, что с законом всё в порядке, проблема находится в нашей плотской натуре. Мы можем слышать закон и соглашаться с ним, но у нас нет сил соблюдать его. Потому что внутри каждого из нас есть нечто — это наша бунтарская сущность, которая становится еще более бунтарской из-за закона.

Павел говорит немного далее в Римлянам 7:7-8: «*Ибо я не понимал бы и пожелания, если бы закон не говорил: «не пожелай». Но грех* (грешник и бунтарь, живущий во мне), *взяв повод от заповеди, произвел во мне всякое пожелание...*». Это бунтарская реакция нашей плотской натуры. И пока наша плотская натура продолжает жить, мы не можем быть в браке ни с кем другим — мы связаны с ней до тех пор, пока она жива.

Но хорошая новость Нового Завета заключается в том, что наша плотская натура, наш ветхий человек был распят на Кресте. Римлянам 7:4:

Так и вы, братия мои, умерли для закона телом Христовым, чтобы принадлежать другому, Воскресшему из мертвых, да приносим плод Богу.

Когда мы принимаем это и видим, что наша плотская натура была умерщвлена на Голгофском кресте, то мы свободны вступить в новый брак, заключить новый завет, сочетаться новыми заветными узами. Если бы наша плотская натура была всё еще жива (а мы связаны с ней законными узами), то, отворачиваясь от нее и еще кого-нибудь другого, мы находились бы в положении прелюбодейной жены. Но как только мы принимаем верой тот факт, что через смерть Иисуса на кресте эта плотская натура была умерщвлена, тогда мы больше не связаны, и можем вступить в новый брак и принадлежать другому.

После смерти нашей плотской натуры мы освободились от обязательств закона. Павел говорит, что закон имеет силу над человеком, пока человек жив. Крайняя мера, которую закон может применить к кому-нибудь — это предать такого человека смерти. Когда закон предал вас смерти, и эта смертная казнь состоялась — вы уже не под законом. Таким образом, через смерть Иисуса, Который умер вместо нас, мы были преданы смерти и освобождены от власти закона. Теперь мы свободны для того, чтобы вступить в брак с другим. С кем? — С Тем, Кто воскрес из мертвых. Как мы можем быть соединены брачными взаимоотношениями с Ним? — Уже не через закон, но через Дух. На мой взгляд, самый большой вклад Духа Святого в нашу духовную жизнь заключается в том, что Он делает возможным для нас быть соединенным брачным союзом с воскресшим Христом.

И в зависимости от того, с кем состоим в брачном союзе, — мы приносим соответствующий плод. Если мы по-прежнему состоим в союзе с плотью, то мы будем производить на свет то, что Павел назвал *«делами плоти»*. Он перечисляет их в Галатам 5:19-21:

Дела плоти известны; они суть: прелюбодеяние, блуд, нечистота, непотребство, идолослужение, волшебство, вражда, ссоры, зависть, гнев, распри, разногласия, соблазны, ереси, ненависть, убийства, пьянство, бесчинство и тому подобное...

Всё перечисленной в этом списке является злом — здесь нет ничего хорошего. Плоть растлена, и всё, что она производит — это тление и зло. Всё это неприемлемо Богу. До тех пор, пока мы находимся в союзе с плотью, не имеет значения, насколько сильно мы стараемся делать добро, — мы производим на свет плоды этого союза. Но когда мы освобождаемся от этого союза и вступаем в союз с Господом Иисусом Христом через Дух Святой, тогда мы начинаем приносить плод, соответствующий этому союзу. Павел пишет об этом плоде в Галатам 5:22-23:

Плод же духа: любовь, радость, мир, долготерпение, благость, милосердие, вера, кротость, воздержание. На таковых нет закона.

Когда вы, находясь в союзе с воскресшим Христом, приносите такого рода плод, то не нуждаетесь в том, чтобы быть под контролем закона, потому что на плод Духа нет закона.

В заключение давайте посмотрим, на что похож союз, о котором говорит Новый Завет. В 1-ом Коринфянам 6:16-17 Павел говорит:

Или не знаете, что совокупляющийся с блудницею становится одно тело с нею? ибо сказано: два будут одна плоть. А соединяющийся с Господом есть один дух с Господом.

Мы видим, что Павел использует удивительную параллель, упоминая о плотском и духовном. Говоря о плотском, он приводит пример мужчины, который вступает в аморальное сексуальное совокупление с блудницей, и тем самым они становятся одной плотью. Затем, в том же самом контексте, Павел говорит о соединении с Господом Иисусом в одном Духе.

Итак, есть два вида единения: физическое и духовное. Дух Святой делает нас способными иметь духовное единение с Господом Иисусом. И когда мы соединяемся с Ним, то мы естественным образом (а не как результат наших стараний) приносим плод Духа. Видите ли, что вопрос *не в наших стараниях*, вопрос в том, *с кем мы соединены*. Наши потуги и старания не произведут необходимого плода. Единственным решением является союз.

Наконец, я верю, что наше единение с Господом достигает совершенства через поклонение. Бог есть Дух и поклоняющиеся Ему должны поклоняться в Духе и в истине. Я верю, что кульминация нашего соединения с Иисусом через Дух Святой достигается в поклонении. Когда мы совершенно соединяемся с Господом в поклонении, внутри нас происходит нечто, — что высвободит всю благодать и принесет плод Духа Святого.

Итак, всегда помните о том, что есть только два варианта: быть соединенным со своей плотью через закон или быть соединенным через Дух Святой с воскресшим Христом.

Господь да благословит вас!

www.ingramcontent.com/pod-product-compliance
Lightning Source LLC
Chambersburg PA
CBHW071832020426

42331CB00007B/1699